AF475106

LOUIS GUBIAN

LOUIS GUBIAN

SA VIE ET SES ŒUVRES

PAR

LE Dr LÉON RIEUX,
Membre titulaire de la Société impériale de médecine,
Ancien interne lauréat des hôpitaux de Paris,
Membre de la Société anatomique et de la Société médicale d'observation de Paris,
Lauréat du ministère de l'intérieur, du ministère de l'agriculture
et du commerce (choléra 1849),
Membre correspondant de la Société de médecine de Chambéry,
de Genève, de la Société des Sciences médicales
et naturelles de Bruxelles, etc.

(Éloge historique lu dans la séance publique annuelle de la Société impériale de médecine de Lyon. — 1870.)

PARIS
F. SAVY, LIBRAIRE,
Rue Hautefeuille, 24.

LYON
J.-P. MÉGRET, LIBRAIRE,
Quai de l'Hôpital, 57.

1870

LOUIS GUBIAN

SA VIE ET SES ŒUVRES

> La vertu est quelquefois oubliée dans son passage ici-bas, mais elle revit tôt ou tard ; on la retire des tombeaux comme on retire du sein de la terre une statue antique qui fait l'admiration des hommes. (CHATEAUBRIAND.)

MESSIEURS,

En exprimant le désir d'entendre l'éloge de Louis Gubian, vous n'avez pas seulement obéi à un sentiment de haute convenance, mais vous avez aussi voulu payer un légitime tribut de reconnaissance à celui qui vous a sincèrement aimés, et a contribué à votre illustration.

Le nom de Gubian appartient désormais à l'histoire médicale de Lyon. Sa vie et ses œuvres doivent être jugées avec une impartialité qui ne saurait toutefois exclure la déférence. — Pour atteindre ce but élevé, la Société impériale de médecine avait à sa disposition des plumes plus autorisées que la mienne, et si elle a daigné me confier une pareille faveur, c'est moins peut-être à mon titre de secrétaire que je la dois, qu'à l'estime particulière que j'ai toujours professée pour notre regretté collègue, estime qui a fait place à une vive amitié pour son fils.

Dans cette enceinte, Messieurs, vous avez tous eu le privilège, permettez-moi de dire le bonheur, d'apprécier l'homme de bien dont je dois aujourd'hui faire revivre la douce physionomie. Aussi n'aurai-je, pour ainsi dire, qu'à découvrir son portrait pour vous le faire facilement reconnaître. Si dans le cours de cette étude biographique, j'exagère sa personnalité, son dévouement, les services qu'il a rendus à la science et à ses concitoyens, vous saurez faire la part de l'admiration qu'il a pu m'inspirer; si au contraire, restant au-dessous de la réalité, je ne mets pas en relief tout ce qui était digne de l'être, ne vous hâtez pas de croire aux imperfections du modèle, et n'accusez que ma voix qui dans son insuffisance n'aura pas su vous parler le langage des nobles souvenirs.

La famille Gubian, autrefois Gubiani, était originaire de Florence d'où l'avaient chassée au XIVe siècle des motifs politiques durant la guerre des Guelfes et des Gibelins.

Le grand-père de notre confrère, Barthélemy Gubian, qui après avoir habité Montbrison où il était né, était venu se fixer à Lyon, signait avec les qualifications de noble, avocat, écuyer, bourgeois de Lyon, et conseiller secrétaire du roi au parlement de Grenoble. Il mourut en 1790, laissant dans la province du Lyonnais une fortune territoriale considérable qui, trois ans après, disparut dans la tourmente révolutionnaire. Le fils aîné dut même payer chèrement les titres de noblesse dont il héritait, car il tomba courageusement sous la hache de 93.

Le château paternel de Caluire, dernier débris d'une grande opulence, fut dévasté et pillé après le départ de Dubois-Crancé, qui y avait établi son quartier général.

Jean-Claude Gubian du Perrod, père de notre collègue, accablé par tant de désastres, laissa sans ressource, dans une société toujours agitée, sa jeune femme et son enfant qui confondirent alors dans une suprême étreinte deux cœurs meurtris, mais pleins d'espoir en des jours meilleurs.

Quelques années plus tard, effrayée des exigences de la vie, et sacrifiant sa douleur à l'avenir de son fils, elle épousa en secondes noces un ami dévoué, un loyal commerçant qui, en apportant une modeste aisance, fit cesser les inquiétudes maternelles.

Louis Gubian grandissait donc entouré de la plus tendre sollicitude ; bientôt les préoccupations commencèrent. A quelle carrière destiner le jeune adolescent? Continuera-t-il le commerce de son bienfaiteur? Un goût prononcé pour les lectures sérieuses en déterminant ses vues mit fin aux indécisions.

Il entra au lycée de Lyon, où il se distingua par de fortes études et une application soutenue. Il était déjà recueilli à un âge où l'imagination travaille seule encore, et il prenait généralement peu de part aux jeux de ses condisciples.

C'est à cette époque de sa vie que se passa une scène qui fit pressentir la virilité de son caractère. Assis sur les bords du Rhône, en compagnie de plusieurs camarades qui venaient se baigner, il entend tout à coup un cri de détresse. Sans hésiter, n'écoutant que l'élan de son cœur, il se précipite tout habillé dans le fleuve, et eut bientôt la joie de ramener sur la rive, évanoui, mais rapidement rappelé à la vie, le corps d'un de ses cousins. La mère n'oublia jamais le bonheur qu'elle dut au courage du collégien de 15 ans. Cette action d'éclat lui gagna de vives sympathies, et le grandit bien vite dans l'estime de tous.

Après avoir terminé ses études classiques, sa plus haute ambition, comme il le racontait plus tard, était de devenir médecin, car ce titre signifiait pour lui la réalisation des plus nobles aspirations. Il se fit donc inscrire à l'Ecole de Médecine de Lyon, et deux ans après, c'est-à-dire en 1813, il se présentait au concours de l'internat où il fut admis avec honneur.

Comme tous ceux qui ont connu la vie des hôpitaux, Gubian se souvint toujours avec délices de ce temps heureux, où le cœur est sans cesse ouvert à la générosité, aux innovations scientifiques, à des collègues enfin qui deviennent de vrais amis.

Il fit quelque temps des cours d'anatomie très-remarqués et très-suivis des élèves, auxquels il témoignait cette bienveillance qui encourage et fait aimer la science.

Pendant qu'il se livrait à ses occupations favorites, les troupes alliées qui avaient envahi le territoire français vinrent occuper la ville de Lyon, où elles ne tardèrent pas à être cruellement décimées par une épidémie de typhus.

Tout entier à la disposition de son maître Lusterbourg, il a donné aux soldats atteints par le fléau des secours de toute sorte avec un dévouement qui dévoilait son cœur et un courage qui multipliait ses forces. Il était beau à voir ce jeune interne dont le sentiment patriotique devait être froissé, prodiguer sans crainte du danger, son temps et ses soins aux ennemis de son pays. Il a consacré une fois de plus cette vérité traditionnelle parmi nous, que les malades, quelle que soit leur nationalité, quelle que soit leur religion, quelles que soient leurs opinions politiques, quelle que soit enfin la cause de leur maladie, sont tous pour le médecin égaux par la souffrance. Ce n'est certes pas un de ses moindres titres à l'estime et à la considération publiques, que l'abnégation de ses sentiments dans un moment où chacun était si fier de les mettre en évidence.

Cette belle conduite fut bientôt connue du médecin en chef des armées autrichiennes, qui s'empressa de faire nommer Gubian membre correspondant de l'Académie de Médecine de Vienne, à la suite d'un travail sur cette épidémie.

Gubian se rendit peu après à Paris, pour compléter ses études médicales. Il trouva l'école dominée par les idées de Broussais, contre lesquelles cependant on commençait à réagir. Avec le sens pratique dont il avait fait preuve jusqu'alors, il eut peu de peine à s'apercevoir que la médecine, fille de l'expérience, était plus qu'un système, et il embrassa sagement l'éclectisme.

Le 24 août 1816, il obtenait le titre si désiré de docteur, après avoir passé une excellente thèse, intitulée : « Considérations générales sur l'état physiologique de la femme parvenue à l'âge critique, et sur les moyens hygiéniques qui lui conviennent. » Ce travail qui comprend d'une part l'étude de la cessation physiologique et pathologique des menstrues, et de l'autre l'exposé des conditions propres à régulariser la marche de l'époque critique, et à prévenir les accidents consécutifs, peut encore être lu avec profit.

Cette thèse, bien écrite, pleine de citations intéressantes, indique déjà chez le jeune docteur une profonde érudition, et surtout un grand esprit d'observation. Elle eut du reste, tout le succès qu'elle méritait, et valut à son auteur, de la part d'un des examinateurs les plus distingués, un compliment que je suis heureux de pouvoir répéter parce qu'il arrive ici à son adresse : « On voit, Monsieur, lui dit Royer-Collard, que vous appartenez à cette école de Lyon, qui se distingue par ses connaissances en anatomie et ses saines doctrines en médecine. »

De retour auprès de sa mère, il partagea avec elle le bonheur de son premier triomphe, et attendit les malades avec confiance. Mais, hélas ! son espoir ne dura pas longtemps. Après les illusions des premières heures, il se trouva aux prises avec les difficultés sans nombre qui entourent les débuts du jeune praticien de la grande ville. Il se jeta alors avec énergie dans la lutte, et se promit bien de réussir. Il avait pour lui le savoir, et le savoir-vivre, mais une sorte de fierté ombrageuse lui faisait dédaigner ce savoir faire qui, pour le dire en passant, a contribué au succès de plus d'une célébrité ; il avait horreur du charlatanisme autant que des coteries si préjudiciables au vrai mérite ; c'est avec le cœur surtout qu'il devait tracer son laborieux sillon.

Pendant son internat, deux faits l'avaient à la fois frappé et contristé, l'aversion des malades pauvres pour l'hôpital et la difficulté pour eux d'y obtenir un lit quand, à bout de ressources, ils se décidaient à y entrer.

Il eut donc à soigner en ville beaucoup de malheureux abandonnés à leurs souffrances. Cette situation fâcheuse fit naître la pensée de régulariser à Lyon l'assistance à domicile, et avec le concours de ses confrères Goullard, Terme et Commarmond, il fonda à Lyon, en 1818, le Dispensaire général qui a pour but, comme vous le savez, de donner aux malades indigents des consultations, des remèdes et des soins à domicile, œuvre humanitaire par excellence, et marquée au coin de la plus sage philanthropie. Dévoué à sa création, on peut dire qu'il lui a consacré son cœur et sa vie, les rapports des secrétaires sont là pour démontrer les efforts incessants qu'il a déployés pour la faire réussir. Non content de visiter les malades atteints d'affections aiguës ou chroniques, il fut le premier de tous ses coopérateurs à introduire le traitement chirurgical à domicile. — Chaque année, le nom de Gubian était cité pour des guérisons de pied bot, de hernies étranglées, des cas de dystocie, des opérations chirurgicales, telles que l'extirpation de sarcocèles, l'enlèvement d'énormes loupes, etc. Dans un compte rendu du docteur Goullard (années 1825-26 et 27), nous trouvons ce qui suit :

« De toutes les opérations qui ont été faites au Dispensaire, la plus grave et la plus importante, est l'extirpation d'un goître volumineux par le docteur Gubian. Cette tumeur occupait tout l'espace qui sépare le menton de la partie supérieure de la poitrine, et son accroissement rapide depuis quelques années faisait craindre la suffocation. Tous les moyens préconisés contre le goître ayant échoué, il ne restait plus que l'opération à lui opposer. La malade, âgée de 21 ans, la demandait avec instance, et malgré toutes les difficultés qui se présentaient, Gubian osa l'entreprendre.

« Je ne vous parlerai pas, continue l'honorable rapporteur, qui s'adressait à un auditoire public, de l'étendue de l'incision nécessaire pour mettre à découvert cette énorme tumeur, de la difficulté d'éviter les vaisseaux ou des troncs nerveux dont la lésion eût été mortelle, de la profondeur de la plaie lorsque l'opération fut achevée. Ces détails chirurgicaux, intéressants pour les hommes de l'art, formeraient un tableau effrayant pour les personnes qui ne sont pas accoutumées aux sanglantes opérations de la chirurgie. Il vous suffira, sans doute, d'apprendre que cette jeune malade a recueilli la récompense de sa courageuse résignation. Malgré des hémorrhagies consécutives, malgré des accidents de suffocation très-alarmants survenus le quatrième jour, malgré un commencement de tétanos, l'opération a triomphé, et à travers tant d'obstacles capables de décourager le chirurgien le plus intrépide, notre collègue a réussi à obtenir une cicatrisation complète. »

Le récit de cette observation remarquable à plus d'un titre, tout en prouvant que Gubian, apprécié jusqu'ici comme médecin, savait aussi faire de la haute chirurgie, démontre en outre péremptoirement que la chirurgie peut se faire au domicile des pauvres avec autant de succès que la médecine.

En 1826, sur sa proposition et ses instances, fut constitué le Comité médical du Dispensaire, chargé primitivement de l'hygiène publique. C'est à lui que sont dues les instructions sanitaires sur les épidémies, sur la propagation de la vaccine, enfin sur les premiers secours à donner aux noyés et aux asphyxiés.

Si je me complais dans ces details, c'est parce qu'ils mettent en évidence l'active participation de Gubian au développement et à l'organisation de son œuvre de prédilection. — Les débuts furent difficiles, le zèle du néophyte dépassa même quelquefois ses forces, mais on peut assurer que soutenu par le dévouement de MM. Goiran, Nicod, Rater, son courage ne s'est jamais ralenti, et a toujours répondu aux nécessités de la situation.

C'est dans un contact journalier avec les malades pauvres, c'est dans ces épreuves pénibles d'abord, attachantes et consolantes ensuite, que Gubian, jeune encore, trempa son courage et contracta des habitudes du cœur qui persistèrent jusqu'à la fin de sa vie. Jamais il ne s'est départi de cette douceur qui s'inspire de la charité, et dans cette manière d'agir il était plutôt guidé par ses instincts et sa droiture naturels que par le désir de conquérir une popularité que sa modestie repoussait.

On pouvait honorer en lui le sincère courtisan des pauvres. Il me fit un jour une réponse de vrai moraliste qui mérite d'être connue parce qu'elle prouve combien il avait étudié ces natures incultes, éprouvées par la misère, et conservant malgré tout un fond de bons sentiments pour ceux qui leur témoignent de l'intérêt.

C'était à propos d'un petit incident qui m'avait émotionné et qu'il m'est bien permis, je crois, de rapporter, quoiqu'il me soit personnel, dans une biographie où les qualités du cœur occupent une si large place.

Un enfant du peuple, âgé de 7 ans environ, que j'avais soigné avec beaucoup d'intérêt pour une fièvre typhoïde, vint frapper à ma porte. Je dis à dessein frapper, parce qu'il était trop petit pour atteindre la sonnette. Que veux-tu, mon enfant ? lui dis-je. — Vous récompenser du bien que vous m'avez fait. — Tu as donc une bourse ? Oh oui, Monsieur, je vous apporte un sou que ma mère m'avait promis, et qu'elle m'a donné hier... Inutile d'ajouter que, touché de cette marque de reconnaissance précoce, je serrai dans mes bras ce jeune enfant, et que s'il s'en retourna tout joyeux d'avoir changé sa pièce, il fut certainement moins heureux que moi du talisman de bonheur qu'il me laissait. « Ces traits sont plus fréquents que vous ne le pensez peut-être, me répondit Gubian. La reconnaissance du riche disparaît le plus souvent avec les honoraires qu'il vous donne, celle du pauvre est plus vive et plus durable parce qu'il souffre de ne pouvoir s'acquitter. »

L'assistance à domicile, à laquelle Gubian et ses amis ont su imprimer une si généreuse impulsion, est devenue depuis une de ces grandes questions qui s'imposent à l'attention publique. Elle a longtemps divisé les meilleurs esprits, mais elle semble aujourd'hui se rapprocher de sa solution naturelle.

Le jour commence à se faire sur l'ensemble des intérêts mis en jeu et les avantages des résultats obtenus. On a loyalement établi un parallèle entre le luxe et le confortable des hôpitaux d'une part, mais aussi avec l'encombrement, les épidémies et une mortalité plus fréquente, et de l'autre, la pauvreté des habitations ouvrières et les difficultés d'installation des secours, mais aussi avec le séjour du malade au sein de sa famille et une guérison souvent plus assurée. On a été suffisamment édifié par la comparaison, et on s'est demandé s'il fallait décidément fermer les établissements hospitaliers. En répondant par l'affirmative, on ferait preuve d'ingratitude. Les hôpitaux ont leur raison d'être et deviendront pour ainsi dire les places fortes de la charité. Mais en présence des faits signalés, est-il possible, je le demande, de rester inféodé plus longtemps à l'état actuel, et ne vaut-il pas mieux accepter franchement une situation nouvelle plus en harmonie avec les mœurs et les progrès de notre époque? Restreindre les hôpitaux, diminuer le nombre des lits dans les salles, et augmenter le plus possible l'assistance à domicile, tel est le programme que l'on peut formuler aujourd'hui au nom de la science médicale, des populations malheureuses, et de la moralité des institutions humanitaires. Les obstacles réels mais exagérés tomberont, comme la division des esprits, devant la puissante volonté de faire le bien.

Les logements sont incommodes et mal sains, a-t-on dit! le fait n'est malheureusement que trop vrai, aussi qu'en résultera-t-il? C'est que le comité d'hygiène, obligé d'intervenir plus sérieusement, fera insensiblement disparaître des grandes villes ces réduits obscurs qui font tache sur la civilisation. Le premier progrès en produira donc forcément un second, c'est-à-dire l'amélioration des logements insalubres.

Les parents des malades ont des occupations qui les retiennent et ne pourront être utilisés, a-t-on encore objecté! Personne ne l'ignore. Aussi est-il nécessaire pour obvier à cet inconvénient d'organiser un service régulier de sœurs de secours qui apporteront dans des familles souvent aigries contre la société, la paix et la consolation tout aussi bien que le soulagement des misères physiques.

Enfin, les médecins des hôpitaux n'auront pas le loisir d'assister les malades à domicile; mais n'y a-t-il pas dans Lyon, indépendamment de ceux déjà attachés au Dispensaire, plus de 100 autres médecins auxquels on peut faire appel, et confier un nombre limité de malades, tout en réservant aux chirurgiens majors le privilège des grandes opérations?

Pour arriver à une complète réalisation de ces *desiderata*, il faut nécessairement le concours de l'autorité supérieure et de l'administration des hôpitaux. La bienveillance de la première semble maintenant acquise à l'œuvre. La haute protection donnée à Paris à la réorganisation des secours à domicile est là pour en faire foi ; celle de l'Administration des hospices ne lui est pas encore accordée par suite de scrupules respectables de conscience plutôt que par esprit d'hostilité systématique. Espérons que les éloquentes paroles prononcées dernièrement par MM. Pétrequin (1) et Teissier (2) sauront les effacer, et qu'un jour peu éloigné sans doute, le Conseil d'administration, mieux éclairé dans son immense désir de bien faire, comprendra que l'intention des donateurs n'est pas de limiter, mais d'agrandir le plus possible le domaine de la charité ; l'assistance à domicile deviendra alors une branche importante de l'administration hospitalière, sera réglementée par elle, et y gagnera sous les rapports économiques.

(1) *De l'organisation de l'assistance publique à Lyon et de l'opportunité d'introduire l'élément médical dans le sein de notre Administration hospitalière;* par J. E. Pétrequin, ex-chirurgien en chef de l'Hôtel-Dieu de Lyon, etc. 1869.

(2) *De l'assistance à domicile,* par M. le professeur Teissier. 1869.

Ces conditions générales de succès ont bien été attaquées par de sincères partisans de l'ordre de choses actuel, mais leur plaidoirie, quoiqu'habile et savante, n'a pas trouvé beaucoup d'écho. Votre honorable secrétaire général l'a même combattue vivement, et avec l'esprit que vous lui connaissez, parce qu'elle heurtait le sentiment public; or l'opinion, a dit Pascal, est la reine du monde, tandis que la force n'en est que le tyran. Ce dernier mot qui sonne mal à l'oreille, n'est certes pas à l'adresse des dignes administrateurs de l'hospitalisation, si loyaux, si prudents et si désintéressés; mais j'ai dû constater cette tendance de l'opinion publique parce qu'elle laisse entrevoir pour l'avenir la possibilité d'heureuses transactions.

Toujours est-il que l'œuvre de l'assistance à domicile qui peut aujourd'hui avec les seules ressources de la charité privée faire soigner plus de 8,000 malades par an, n'est point une utopie, comme on l'a écrit. Loin de périr, cette indispensable fondation, sanctionnée par l'expérience, patronnée par les notabilités médicales et les personnages marquants de notre ville, continuera au contraire sa progression croissante, à la gloire de notre époque et à la satisfaction des temps futurs. Vous me pardonnerez, Messieurs, cette digression, en songeant que la question humanitaire sur laquelle elle porte, est le sujet des plus vives préoccupations et qu'après tout, c'est l'œuvre capitale de Gubian, que j'expose et que je défends, sinon avec le talent qu'il eût déployé lui-même, du moins avec une conviction aussi prononcée que la sienne.

Après un brillant concours où il eut pour compétiteurs, de Polinière, Brachet et Franche, Gubian fut nommé médecin de l'Hôtel-Dieu. Elève de Récamier, il introduisit le premier dans les hôpitaux de Lyon l'usage du spéculum pour les études gynécologiques. Reportée à sa date, cette innovation fut un événement et mit d'abord en grand émoi les administrateurs et les sœurs de l'Hôtel-Dieu, qui semblaient ignorer que le creuset de la science purifie tout ce qu'il touche.

Il y eut dans la conduite de notre collègue un fond d'honnêteté qui désarma même les plus obstinés. La pureté de ses intentions fut reconnue, et cette lutte dont il sortit vainqueur lui valut pendant de longues années une certaine vogue comme médecin des affections utérines. Il en profita pour se livrer à de sérieuses investigations sur cette branche de la médecine. Une belle thèse inaugurale sur les altérations organiques de l'utérus et leur traitement, soutenue à Paris, par un de ses internes, M. Delarue (1), en a laissé un évident témoignagne. Dans ce travail très-étendu où sont exposées les idées de Gubian, le jeune candidat reporte avec reconnaissance au maître l'instruction qu'il a puisée dans ses leçons et ses conseils.

Ses élèves se rappellent toujours quelle sévérité il apportait dans la rédaction des observations recueillies au lit du malade, et avec quelle autorité décisive il tranchait les questions d'anatomie pathologique. Il dictait ou écrivait lui-même le diagnostic de la maladie, et aux dénominations multiples dont il se servait, on s'apercevait aisément qu'il subissait encore, quoiqu'il appartînt à l'école éclectique, l'influence de la doctrine de Broussais, que son expérience lui avait fait depuis longtemps condamner.

A diverses reprises il a attiré par différents mémoires l'attention des praticiens sur la corrélation qui existe entre l'époque menstruelle et le développement de la glande thyroïde, ainsi que sur le danger de la pénétration par les trompes des liquides injectés dans la cavité vagino-utérine.

Soit dans les hôpitaux, soit dans la pratique civile, Gubian, était comme un soldat sur la brèche. Le jour, la nuit, à toute

(1) Recherches cliniques sur les altérations de l'utérus et de leur traitetement, par le docteur Delarue d'Hermance. Paris, 1839.

heure, il partait dès qu'on le demandait, sans s'inquiéter jamais si le client était riche ou pauvre. Obéissant à sa conscience, il ne voyait qu'une souffrance à soulager ; c'est qu'il avait au plus haut degré la religion du devoir.

Il mettait largement à profit les ressources de la thérapeutique ; il aimait à donner beaucoup de médicaments, non pas qu'il eût l'intention de satisfaire aux désirs de ses malades et de sacrifier ainsi à un travers populaire, mais bien parce qu'il obéissait à une conviction dont il donnait la preuve quand il avait à se soigner lui-même. Aussi, en 1845, atteint d'un engorgement du foie qui inquiéta vivement ses amis, eut-il recours sans hésiter aux médications les plus diverses et les plus énergiques, lesquelles furent couronnées d'un plein succès.

Le *Journal de chimie médicale* a reproduit plusieurs articles importants sur des points relatifs à la thérapeutique de Gubian. MM. Trousseau et Pidoux (1) le citent également avec éloge dans la deuxième édition de leur traité de thérapeutique et de matière médicale à propos des lotions de chlorure de chaux qu'il préconisait contre la période de purulence de la variole confluente.

Une particularité curieuse à noter c'est que son amour pour son art était si grand et si communicatif qu'il a étouffé les velléités guerrières de son fils et a changé sa première vocation. Nous ne pouvons que nous en réjouir, Messieurs, car s'il a ôté à l'armée un soldat courageux mais délicat, il nous a donné un distingué collègue de plus.

Gubian ne faisait pas seulement de la médecine avec des médicaments ; mieux que personne avec sa nature aimante, il connaissait à fond les secrets de la médecine morale. Faisant la part des vicissitudes humaines, il compatissait aux ennuis de ses clients,

(1) Traité de thérapeutique et de matière médicale, par MM. Trousseau et Pidoux. 1841, page 393.

questionnait ces derniers sur leur vie domestique, leurs affaires sociales, et ne tardait pas à s'en faire des amis.

Quel beau rôle, Messieurs, le médecin éclairé et philanthrope n'est-il pas appelé à jouer au sein des sociétés modernes ! Vivant habituellement dans un milieu calme et paisible, loin des hautes régions où grondent parfois les orages, loin aussi de la sphère des déshérités de la fortune, il est pour ainsi dire l'intermédiaire obligé et naturel entre ces positions extrêmes. L'ouvrier qui se réveille un matin avec la légitime ambition de s'élever, prend souvent pour monter la main charitable du médecin; si, par contre, un puissant du jour vient à tomber, victime de ses illusions et de son orgueil, il trouve encore dans le médecin, un ami pour le retenir dans sa chute ou son désespoir. Si les délicatesses de la discrétion me permettaient de dépouiller avec vous la volumineuse correspondance de notre confrère, nous trouverions une infinité de détails touchants propres à confirmer ces réflexions. Ici on pourrait lire une lettre de reconnaissance d'une dame du monde rendue à son mari par de sages conseils, — là des services rappelés, de nombreux souhaits de fêtes partis du cœur et adressés au noble bienfaiteur. Heureux celui qui peut laisser à ses enfants un écrin rempli de pareils joyaux.

Par ses opinions politiques, Gubian appartenait à cette opposition libérale qui réclamait de sages réformes ; aussi la Révolution de 1830 le trouva-t-elle prêt à défendre les idées qu'elle venait de conquérir. Il salua avec enthousiasme l'aurore de libertés nouvelles, car son cœur généreux avait soif de jeunes aspirations. Il comprenait que l'humanité doit progresser toujours, et que si elle s'arrête ou regarde en arrière, les siècles écoulés sont là pour la pousser ; mais il ne se dissimulait pas non plus que si c'est une loi de son existence d'aller sans cesse en avant, elle ne doit marcher qu'à pas assurés sur des routes déblayées sous peine de tomber dans des abîmes. Si donc, il demandait constamment des améliorations sociales, il faut lui rendre cette justice qu'il a toujours repoussé avec l'instinct d'une âme honnête et la conviction d'une saine intelligence, toutes ces théories subversives qui ne font que des victimes et découragent la philanthropie.

Entouré de malades, absorbé par le travail, Gubian n'en éprouvait pas moins le besoin de se choisir une compagne. Sa nature ardente appelait les épanchements intimes. Il demanda, en 1825, et obtint la main de Mlle Elise Baroud, fille du notaire de ce nom, ancien échevin recommandable de Lyon. Mais cette union fut, hélas, de courte durée ; car après avoir eu quatre enfants, dont les deux premiers la précédèrent dans la tombe, la jeune mère s'éteignit dans une maladie de langueur.

Cette mort prématurée changea l'existence de notre confrère, et répandit sur le reste de sa vie une teinte de mélancolie qui voilait mal la tristesse des souvenirs. Il se dévoua dès lors tout entier à l'éducation de sa fille et de son fils. Il eut vraiment pour eux les tendresses et la sollicitude d'une mère. Malgré ses fatigues professionnelles, il se levait souvent la nuit pour veiller sur leur berceau. Plus tard, une de ses grandes jouissances consistait à les conduire les jours de fêtes à la campagne. Là, au milieu de sites choisis, il leur donnait des leçons de botanique et de minéralogie ; puis il leur faisait admirer la beauté du monde extérieur, les lignes du paysage, l'harmonie de la nature, et éveillait dans leur intelligence le sentiment du beau et de l'infini. Il paraissait heureux et se prenait à rêver, tant son cœur débordait. « La rêverie du contemplateur de la nature, a dit Chateaubriand, n'est-elle pas une sorte de plénitude du cœur ! » C'est ainsi que le père, se confondant avec l'artiste, prenait plaisir à jeter dans ces jeunes âmes des semences qui devaient lui rapporter un jour de si douces consolations.

Sous l'inspiration de pareils sentiments, il lui a été facile de donner à sa famille une nouvelle preuve d'attachement et de désintéressement.

En 1838, un de ses proches parents du côté maternel, le généralissime Soliman-Pacha, vint le visiter à Lyon. Des relations d'amitié s'établirent entre eux. Epris bientôt d'une vive affection pour notre collègue dont il appréciait tous les mérites, l'illustre guerrier voulut absolument l'amener avec lui en Egypte. Il lui promit de le faire nommer médecin du vice-roi, dont il avait l'entière confiance, et fit briller ainsi à ses yeux la perspective du plus bel avenir. Un instant ébranlé par le mobile flatteur qui lui valait ces propositions, Gubian ne put cependant se résoudre à les accepter; à ces sollicitations séduisantes et réitérées, il opposait le bonheur du foyer domestique, la sympathie de ses amis, l'estime de ses concitoyens, puis, en fin de compte, se croyait-il bien certain d'avoir le droit d'user à l'étranger les riches facultés que la nature lui avait dévolues pour le service de son pays ? Il laissa donc à d'autres plus hardis, avec les agitations aventureuses, l'espoir des honneurs et des richesses. S'il se fût agi d'une mission scientifique ou humanitaire, il eût sans hésiter disputé au plus empressé le privilège de partir, mais il ne crut pas devoir sacrifier à un intérêt purement personnel une position médicale qui aurait pu être plus lucrative, mais que son patriotisme autant que son dévouement filial lui faisaient une obligation de conserver.

Par ses travaux, par sa position, par son amour de la science, Gubian avait marqué sa place à la Société de médecine. Aussi avez-vous mis un sincère empressement à le faire asseoir parmi vous, en juillet 1823. Il sut répondre à cette haute bienveillance de ses nouveaux collègues par un dévouement inaltérable aux intérêts scientifiques et matériels de la Société, ainsi qu'aux devoirs d'une bonne confraternité. Il fit de nombreuses et intéressantes communications toujours dictées par un esprit d'opportunité. Il ne faut pas oublier non plus que c'est à son heureuse initiative que nous devons l'existence de la Commission des maladies régnantes, ainsi que la création du Comité de vaccine. Plein d'une tendre vigilance pour ces fondations qu'il a longtemps présidées, il en a été le modèle par une intelligente participation et une assiduité vraiment exemplaire qui n'ont trouvé d'égales que celles de son digne successeur (1).

Gubian était doué d'une intelligence élevée qui puisait toujours ses inspirations aux plus nobles sources du beau, du vrai et du bien. Dans ses moments de loisir, il lisait avec un vif intérêt, non pas ces œuvres d'un jour, séduisantes et dangereuses, mais les ouvrages anciens et nouveaux des maîtres en philosophie, en science, en esthétique, qui fortifient l'esprit et lui laissent le calme avec la satisfaction.

Il aimait passionnément les arts, pour lesquels il était richement organisé. Il eut l'honneur de partager le prix de l'Ecole des Beaux-Arts avec notre célèbre peintre Bonnefond. Il était tout à la fois bon musicien, bon écuyer, bon nageur, mettant ainsi ses instincts artistiques au service d'une hygiène bien comprise, — aussi son nom figurait-il en tête de toutes les institutions libérales et progressistes.

Entraîné par une certaine indépendance d'esprit, il n'acceptait les faits que lorsqu'ils avaient subi le contrôle de sa raison. Il faisait une sage application des sciences naturelles aux études médicales, mais n'admettait les données de la méthode expérimentale que comme complémentaires de l'observation clinique qui restait pour lui la base de la vraie médecine.

S'il était partisan de la libre pensée en matière scientifique, il n'en était plus de même dès qu'il s'agissait des principes qui doi-

(1) M. Pétrequin.

vent gouverner la famille et la société. Retenu par un grand sens moral, il s'inclinait avec respect devant les vérités d'ordre supérieur. « Parmi les êtres qui jouissent de la vie, écrivait-il dans un de ses discours, l'homme possède une suprématie qui lui vient de l'âme; c'est par cette intelligence supérieure et divine qu'il domine l'univers, mais c'est aussi par elle qu'il est le plus vulnérable... » Ses convictions bien connues ne l'ont, du reste, jamais empêché d'avoir pour les croyances d'autrui la tolérance des esprits larges et éclairés.

Il était toujours courtois, mais il savait rester ferme quand il croyait être dans le vrai. A la société de médecine, s'il émettait une idée qui lui paraissait fondée, il semblait parfois la sacrifier à la discussion, mais il n'oubliait pas de la reproduire dès que l'occasion s'en présentait.

Au Dispensaire, dont il était heureux de présider le comité médical, tout en s'effaçant pour faire valoir les conclusions qui avaient obtenu la majorité, il abdiquait rarement ses prérogatives, et si son opinion lui avait paru juste, il ne manquait jamais de l'exposer à son tour.

Dans les concours d'hôpitaux, il a plus d'une fois, par une fermeté qui contrastait avec sa douceur habituelle, donné la preuve de son respect pour les droits acquis. Une protestation contre un acte contraire aux traditions était-elle adressée au Conseil d'administration, Gubian bravant tout scrupule, était toujours un des premiers à la signer. Il n'eût certainement pas mis son nom en avant s'il eût été question de porter préjudice à un confrère; il eût plutôt partagé avec lui la responsabilité d'une situation difficile, mais quand il s'agissait d'un principe à sauvegarder, rien ne pouvait le faire transiger avec sa conscience.

Comme écrivain Gubian n'a pas été sans valeur et a laissé des ouvrages qui méritent d'être analysés.

En 1837, il a fait paraître une histoire de la grippe qui fut d'autant mieux accueillie à Lyon, que la population se trouvait encore sous le coup de la frayeur causée par l'apparition d'une maladie alors peu connue. Cette relation basée sur 68 observations détaillées et rédigée sur la demande de l'autorité municipale, fait connaître aussi exactement que possible l'époque de l'invasion de la grippe dans notre département, son caractère épidémique, les diverses phases de son développement, enfin les mesures adoptées pour la combattre. Cette monographie, une des meilleures qui ait été publiée sur la matière, envoyée à Berlin avec un travail sur la goutte et le rhumatisme, lui valurent le titre de membre correspondant de cette académie.

Au congrès scientifique de France qui eut lieu à Lyon, en septembre 1842, Gubian fit une lecture très-intéressante sur l'influence de l'allaitement maternel sur la santé des femmes. Il établit d'une manière générale que la mère qui ne nourrit pas s'expose à des maladies graves et que ces maladies rebelles aux efforts de l'art disparaissent par le seul fait de l'allaitement poursuivi avec persévérance. Il ne voit qu'une objection à l'exécution de cette loi physiologique et morale, c'est l'impuissance de la nature, et il entend par cette expression, certains états diathésiques et avant tout le défaut de la sécrétion lactée.

Dans ces cas d'exclusion ne figure pas la phthisie apparente chez laquelle le travail de lactation constitue, selon Gubian, un moyen naturel de révulsion plus doux et plus sûr que tous les exutoires employés ; mais avec ce louable désir de réveiller l'amour maternel, ne va-t-on pas au-delà de la vérité en conseillant l'allaitement dans des conditions aussi défavorables?

A l'appui de ses idées, Gubian rapporte l'observation très-remarquable d'une jeune femme qui avait eu trois enfants à des intervalles éloignés. Le second n'avait pas reçu le lait de sa mère, et cet oubli des devoirs avait été, dit-il, cruellement puni, car les deux enfants nourris étaient parfaits au physique et au moral, tandis que le second né était chétif, scrofuleux et presque idiot. La mère eut d'abord un engorgement chronique du sein gauche; puis le sein droit se tuméfia à son tour, et après plusieurs années d'un traitement inutile, les glandes indurées furent affectées de douleurs intolérables. Une consultation eut lieu, et une double amputation fut décidée par le docteur Cartier, chirurgien-major de l'Hôtel-Dieu. Gubian ne put se résoudre à laisser pratiquer une pareille opération chez une femme jeune encore. Pensant que la nature serait un meilleur médecin, ne redoutant pas d'ailleurs une temporisation qui pouvait avoir des chances favorables, il conseilla une nouvelle grossesse suivie d'une lactation prolongée. Cette sage pratique qui avait fait naître plus d'un sourire d'incrédulité, produisit le plus heureux succès. Le secours physiologique a seul suffi à la disparition complète de la maladie, et a ainsi évité une affreuse mutilation.

La connaissance de ce fait et l'opinion d'un praticien aussi répandu que l'était notre confrère eurent du retentissement, et contribuèrent beaucoup à réchauffer le zèle des mères insouciantes. Si de graves autorités ont contesté que l'influence de la nourrice sur l'enfant soit aussi marquée que le pense notre savant collègue M. Th. Perrin, il n'en est pas moins vrai que l'allaitement établit entre la mère et l'enfant un trait d'union de plus, et que la mère qui nourrit est, comme l'a avancé Gubian, beaucoup moins exposée aux suites fâcheuses de couches que celle qui transige volontairement avec ce devoir imposé par la nature.

En 1865, il prononça à la séance publique de la Société impériale de médecine, un discours sur la médecine politique, principalement au point de vue de la médecine préventive. La santé, dit-il, étant le premier besoin de l'homme, la médecine politique doit avoir pour but essentiel de créer de nouvelles générations jouissant des plus fortes constitutions. Or, pour arriver à cette sélection des races humaines, il convient d'assortir les unions. La morale doit dominer en première ligne, et tout mariage où peut régner l'antipathie doit être rejeté. Mais les sympathies de l'âme et du cœur ne doivent pas suffire, il faut encore rechercher les harmonies organiques,

Pour atteindre ce double but, Gubian préconise la somascétique raisonnée et les conseils de famille pour décider l'aptitude au mariage. Il propose, en outre, la création d'un médecin inspecteur chargé de recevoir les avis de ses confrères sur les investigations pratiques de l'hygiène publique, et d'exercer en même temps une surveillance prolongée sur les morts qui résistent à la dissolution des éléments organiques ; ce qui conduirait à la nécessité d'établir une sorte de crypte mortuaire où les corps seraient exposés jusqu'à l'apparition des premiers signes de la décomposition. Cette idée dont la réalisation préviendrait à coup sûr les inhumations précipitées, mérite d'être prise en sérieuse considération.

Les préoccupations de Gubian, on le voit par ces lignes, portaient sans cesse sur les services que la médecine est appelée à rendre à la société.

Dans un autre travail intitulé : *De la réaction vitale*, il résume ainsi sa pensée sur la nature essentielle et les manifestations de la maladie :

« Les actions portées directement ou indirectement par les causes délétères sur le principe vital forment la force étiologique.

« L'appareil nerveux, siége de l'élément de la vie, atteint plus ou moins profondément, résistant par des efforts variables et relatifs à la puissance nuisible, constitue la réaction vitale.

« Il y a donc dans la maladie deux antagonistes qui luttent constamment, l'un qui attaque, c'est la cause délétère, et l'autre qui se défend, c'est la vie par qui règne le système nerveux. »

Pour Gubian, ce sont les nerfs qui éprouvent le premier choc des agents extérieurs, et tous les principes morbigènes doivent frapper le centre sensitif pour pénétrer dans l'économie, et en affecter l'ensemble. Déjà, en 1841, dans un article publié dans le *Journal de médecine*, sur une épidémie de fièvre typhoïde, il avait avancé une opinion analogue en disant que la cause première des symptômes pathognomoniques de cette cruelle affection était un trouble de l'innervation produisant secondairement une altération du sang et un épuisement de l'organisme. Il affirme donc pour la seconde fois ce point de doctrine pathogénique. J'aurais mauvaise grâce à accepter en ce moment le rôle de critique sévère, et cependant je suis obligé d'avouer que cette théorie de l'unité dans l'essence des maladies est une vue plus ingénieuse que démontrée. Si elle est vraie dans les névroses, les névralgies et les lésions organiques des centres nerveux, elle ne tient pas compte des nombreuses variétes étiologiques.

Ainsi la lésion primordiale des affections aiguës du système circulatoire, des fièvres éruptives, des maladies contagieuses, etc., ne saurait se rencontrer exclusivement dans le système nerveux. L'observation des hématologistes prouve au contraire que dans le processus pathologique de la pneumonie, par exemple, le sang est primitivement atteint, et que les accidents nerveux ne sont le plus souvent que consécutifs, c'est-à-dire qu'ils ne surviennent avec plus ou moins d'intensité qu'au moment où l'organisme réagit avec plus ou moins de puissance contre le principe morbifique.

Ces divers mémoires sur des points spéciaux de médecine, quoique portant le cachet d'un esprit judicieux et d'une saine pratique, n'ont pas cependant ouvert aux études médicales des horizons bien nouveaux.

Ce qu'il eût été important de connaître, c'était les riches trésors de sa vaste pratique qu'il avait l'intention de livrer à l'appréciation de ses confrères sous la forme d'un manuel de pathologie et de thérapeutique. Depuis quelque temps déjà, il coordonnait dans ce but les immenses matériaux qu'il avait patiemment accumulés pendant 50 ans. Ce que le temps n'a pas permis d'achever, nous aimons à croire que la piété filiale saura le reprendre et le compléter un jour.

Si j'ai semblé faire trop bon marché peut-être de ses œuvres médicales, ce n'est pas qu'elles n'aient porté leurs fruits, mais plein de respect pour la vérité, j'ai craint de grandir mon modèle outre mesure. En exagérant sa personnalité scientifique, nous eussions peut-être porté ombrage à d'autres mérites sortis d'une source plus éclatante. Ce qui a dominé, et ce que l'on doit avant tout faire ressortir dans la longue carrière de Gubian, ce sont les qualités de son noble cœur qui donnaient de la chaleur et de la vie à tout ce qu'il touchait, et ont fait de notre collègue un homme de bien dans la pure acception du mot.

Cette vie de travail et d'abnégation aussi bien qu'une vaste clientèle avaient étendu sa considération et porté au loin sa notoriété. — Il en recevait la preuve de Paris même, ce foyer central des lumières médicales. « Je n'ai point oublié, lui écrivait en 1855 un des maîtres les plus compétents, M. Gendrin, le plaisir que j'ai eu de faire votre connaissance en 1825, chez votre confrère le docteur Brachet. J'ai suivi depuis, avec un grand intérêt, les phases de votre réputation si bien méritée parmi les praticiens les plus distingués de notre temps. Je m'estime heureux que vous me mettiez à même aujourd'hui de vous dire quel grand prix j'attache à votre bon souvenir. »

Ce compliment venu de si haut lui fit un sensible plaisir, mais ne lui laissa pas trop de vanité. Gubian fêtait bien les succès de ses amis, mais des siens, il n'en était jamais question. Il ne recherchait pas non plus les honneurs, on peut même dire, s'il faut en croire les indiscrétions de l'amitié, qu'il les a repoussés dans une circonstance où ils venaient à lui. C'était en 1846, un de ses cousins, le général baron Martel qui lui avait voué une vive affection, voulut faire récompenser une existence dont il connaissait tout le dévouement. La haute position qu'il occupait, les excellentes relations qu'il avait avec M. Jayr, alors administrateur du Rhône, rendaient facile une nomination honorifique qui n'eût pas été déplacée. Mais notre collègue refusa nettement de s'associer à une démarche qu'il regardait comme inopportune, alléguant qu'il n'avait pas encore mérité une distinction qui serait considérée par ses confrères comme une faveur due à son amitié pour M. Terme, maire de la ville. Son extrême modestie n'aurait vraiment eu d'égale que son exquise délicatesse.

Si malgré la faveur publique dont il jouissait, il n'a pas été plus avantagé par la fortune, ou plutôt si, victime de son extrême confiance dans la probité d'autrui, il n'a pas su conserver intacte celle qu'il avait amassée, il a eu en revanche toutes les satisfactions d'amour-propre qu'il pouvait désirer. Il était médecin de l'Hôtel-Dieu, membre correspondant des Académies de médecine de Vienne et de Berlin, président des Comités médicaux du Dispensaire général, des maladies régnantes et de vaccine qu'il avait créés, membre de la Commission administrative de la Société d'instruction primaire qu'il n'avait cessé d'encourager de ses efforts.

Enfin, messieurs, en 1865, vous l'avez appelé à l'insigne honneur de vous présider. Vous vous rappelez encore avec quelle dignité et quelle convenance il dirigeait vos débats, avec quelle aménité il savait accueillir les observations, avec quel esprit de justice enfin il faisait valoir les droits de chacun de vous.

C'est pendant qu'il remplissait ces fonctions si flatteuses pour son amour-propre que sa nomination de chevalier de la Légion d'honneur est enfin venu lui prouver tout le prix que le gouvernement attachait à ses longs services. « Votre vie est la mieux remplie de toutes celles que j'ai eu à récompenser, » lui dit gracieusement le premier magistrat de la cité (1), en lui plaçant la

(1) M. Vaïsse.

croix sur la poitrine. Gubian ne put répondre, tant cette heureuse parole avait rempli son cœur. Ce fut pour la grande famille médicale une joie sans mélanges, je me trompe, j'oubliais le regret exprimé par tous que le signe de l'honneur lui ait été décerné si tard.

En évoquant vos souvenirs, vous l'aurez tous certainement présent à la mémoire ce beau vieillard blanchi par l'âge et courbé par l'étude.

On le rencontrait fréquemment tenant à la main un journal qu'il parcourait d'une visite à l'autre. Sa taille était moyenne, son maintien digne, sa mise soignée, parfois même recherchée. Son visage au teint pâle reflétait la bonté qui donnait à l'ensemble de ses traits une expression pleine de charme et de douceur. Sa conversation était toujours aimable, quelquefois enjouée, souvent empreinte d'un scepticisme que justifiait trop bien sa vaste expérience des hommes et des choses. Ses amis lui reprochaient de n'être pas assez communicatif. Ce n'était cependant pas le fait d'un esprit chagrin éprouvé par des déceptions, mais bien plutôt celui d'une nature un peu mélancolique et disposée à une réserve exagérée.

Jamais le fiel ni la haine ne sont entrés dans cette âme sensible et généreuse ; aussi Gubian était-il sympathique à tous, et ses anciens camarades du lycée de Lyon l'avaient-ils porté à la vice-présidence de leur association.

Il prenait plaisir à faire de la conciliation et à rapprocher ceux que des motifs plus ou moins sérieux avaient désunis. On sait de lui des traits qui honorent son caractère, entre autres celui-ci :

Un ancien médecin de l'Hôtel-Dieu dont il avait eu à se plaindre tombe dangereusement malade, et se trouve un peu délaissé. Gubian en est instruit, et court aussitôt chez lui ; puis tendant à son collègue une main amie, il l'embrasse avec une effusion qui éloigne tout mauvais souvenir, et lui prodigue jusqu'à la mort les soins les plus touchants. Ce n'est pas tout encore; ayant appris à n'en plus douter que sa veuve était dénuée de ressources, il lui ouvrit sa bourse dans laquelle on puisa largement.

Vous me croirez aisément, messieurs, si j'ajoute que le plus heureux des deux fut assurément celui qui avait donné. C'est ainsi que son noble cœur savait se venger et désarmer l'hostilité.

Au milieu de préoccupations si nombreuses et si diverses, Gubian n'oublia jamais sa mère. Touché jusqu'aux larmes de la bonté qu'elle n'avait cessé de lui témoigner, il lui avait voué une reconnaissance sans bornes, et avait conservé pour sa mémoire un véritable culte. Chaque semaine, on le voyait se diriger vers sa tombe qu'il entourait de fleurs aimées. Ces fréquentes promenades au champ du repos, renouvelées encore la veille de sa mort, n'étaient point chez lui suivies de tristesse. Elles fortifiaient au contraire son énergie morale, et entraînaient son imagination dans de douces et pieuses aspirations. Quel exemple de fidélité à opposer aux tristes défections causées par l'égoïsme.

Plus il avançait en âge, plus aussi il ouvrait son cœur à ses amis ; il éprouvait un charme indicible à se trouver au milieu d'eux et à leur parler des joies intimes que lui procuraient l'estime de ses confrères, les succès de son œuvre de prédilection, la reconnaissance de ses enfants et leur heureux mariage.

C'est ainsi qu'au déclin de sa vie, après tant d'obstacles vaincus, il exhalait le parfum de ses vertus affectives, comme une fleur qui longtemps tourmentée par la tempête, répand avant de tomber une odeur d'autant plus suave qu'elle a plus de peine à s'épanouir.

Gubian aurait pu suivre les conseils de ses amis et se retirer un peu de la vie militante pour se consacrer davantage aux travaux et aux consultations du cabinet, mais il était soutenu par une activité incessante, et sa constitution se riait des injures du temps.

Il avait 76 ans et sa verte vieillesse, entretenue par le feu des plus nobles passions, semblait lui promettre encore de longues années, lorsque le 17 novembre 1868, jour de profonde douleur pour sa famille et de vive affliction pour ses amis, il fut atteint d'une congestion cérébrale au retour d'une visite médicale, et tomba dans la rue comme un vaillant soldat sur le champ de ses exploits. Son digne fils qu'il aimait tant parce qu'il se sentait revivre en lui, était alors absent de Lyon..... Il accourut, mais hélas, ni ses soins dévoués, ni les efforts multipliés de la science ne devaient le sauver.

Aussitôt que la fatale nouvelle parvint à la Société de médecine, le bureau se transporta spontanément auprès de lui. Dès que Gubian eut reconnu à ses côtés votre cher président qui avait été un de ses élèves favoris : « Bien, très-bien, murmura-t-il, vos succès grandissent, » et ne pouvant achever sa pensée, il nous prit à tous la main qu'il serra avec une pression qui voulait dire que si la parole lui faisait défaut, son cœur vivait encore au milieu de nous.

L'heure de la séparation approchait. Gubian, fidèle aux principes de toute sa vie, demanda et reçut avec empressement les secours de la religion; puis, entouré de ce qu'il avait de plus cher au monde, de ses enfants, de sa famille, de ses amis, il s'éteignit sans crainte dans la foi de ses ancêtres. Qu'avait-il à redouter à cette heure suprême! n'allait-il pas recevoir la juste récompense de toute une vie d'amour et d'abnégation. Le deuil a été général, et le concours aux funérailles immense. Quatre discours prononcés par les notabilités du corps médical ont rappelé à la foule attristée les rares qualités de l'homme de bien que la science et la société venaient de perdre.

Telle a été, messieurs, esquissée à grands traits, la vie de notre savant collègue. Une si noble existence est-elle destinée à disparaître avec l'admiration, les regrets et la douleur de ceux-là seuls qui en ont été les témoins ?

Non, la providence ne le veut pas ainsi. Les âmes d'élite laissent après elles une auréole lumineuse qui doit encore éclairer la postérité. Le récit fidèle des vertus qui ont grandi Gubian dans l'opinion publique, sera perpétué comme un monument à sa mémoire. Les années se succèderont, les traits particuliers voilés par le temps iront en s'amoindrissant, mais il restera toujours de cet homme de bien une belle et douce figure éclairée par une ardente charité, et couronnée de cette légende : « Il fut un des quatre premiers fondateurs du Dispensaire général. » Et si ce titre à la reconnaissance des Lyonnais n'est pas un jour gravé sur une plaque de marbre ou de bronze, il n'en vivra pas moins longtemps dans le souvenir des vrais amis de l'humanité.

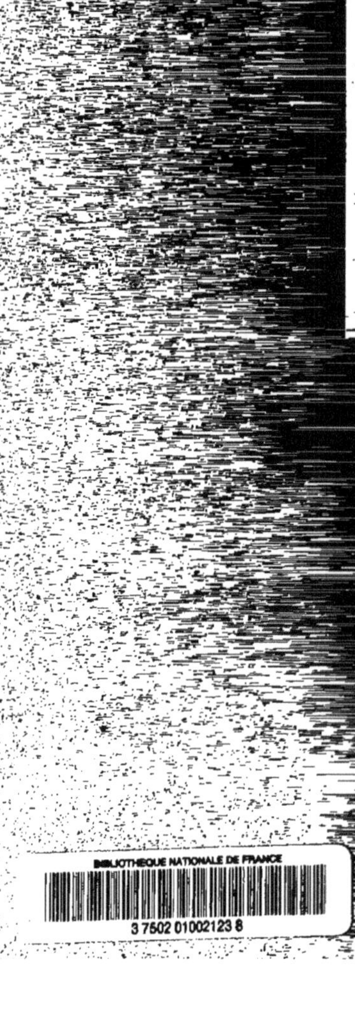

www.ingramcontent.com/pod-product-compliance
Ingram Content Group UK Ltd.
Pitfield, Milton Keynes, MK11 3LW, UK
UKHW021027200726
13857UKWH00004B/1639